Lider Estupido

Paulette Durand

Paulette Durand

Página de Derechos de Autor

Datos legales y legales
Titular de los derechos de autor: © 2024, Roberto Albira
Año: 2024
Autor: © Paulette Durand

Paulette Durand

Indice

¿Qué es un Líder Estúpido?

Un líder estúpido es una figura en la que, lamentablemente, muchos nos hemos encontrado a lo largo de nuestra vida profesional. Es esa persona en una posición de autoridad que parece tomar todas las decisiones equivocadas, no importa cuán claras y evidentes sean las alternativas correctas. Pero, ¿qué define realmente a un líder estúpido? Vamos a desglosarlo.

Primero, un líder estúpido es alguien que toma decisiones impulsivas sin considerar las consecuencias a largo plazo. Este tipo de líder actúa sin pensar, movido por caprichos o emociones momentáneas. Imagina a un capitán de un barco que, en medio de una tormenta, decide cambiar de rumbo porque siente que el viento se ha calmado un poco, sin consultar ningún mapa ni tener en cuenta las predicciones meteorológicas. Así es como actúa un líder estúpido en el mundo corporativo: sin datos, sin análisis y, sobre todo, sin pensar en el futuro.

Otro rasgo distintivo de un líder estúpido es la falta de visión. Este líder no puede ver más allá de lo inmediato y no tiene un plan estratégico claro. Es como un jugador de ajedrez que solo piensa en su próximo movimiento, sin prever cómo afectará el juego completo. En una empresa, esto se traduce en proyectos mal gestionados, recursos desperdiciados y, en última instancia, un fracaso asegurado.

La comunicación es otro talón de Aquiles de un líder estúpido. Este tipo de líder no sabe comunicarse de manera efectiva. Sus instrucciones son confusas, sus expectativas no están claras y, cuando surgen problemas, la culpa siempre recae en los demás. No hay lugar para la transparencia ni para el diálogo abierto. Un líder estúpido simplemente no escucha, y cuando lo hace, no entiende.

Un líder estúpido también se caracteriza por un ego desmesurado. Se cree infalible y superior a todos los demás. Este tipo de líder no acepta críticas ni consejos, y cualquier sugerencia que contradiga su opinión es vista como una amenaza. En lugar de fomentar un ambiente de colaboración y aprendizaje, impone su voluntad de manera autoritaria, apagando la creatividad y la motivación del equipo.

La falta de empatía es otro signo claro de un líder estúpido. No entiende ni se preocupa por las necesidades y sentimientos de sus empleados. Para él, los trabajadores no son personas con aspiraciones y problemas propios, sino meros engranajes en la maquinaria de la empresa. Esta desconexión emocional crea un ambiente de trabajo tóxico, donde la desmotivación y el resentimiento florecen.

Además, un líder estúpido rara vez aprende de sus errores. En lugar de reflexionar sobre sus fallos y buscar mejorar, se mantiene en una constante negación, repitiendo los mismos errores una y otra vez. Esta falta de autocrítica perpetúa un ciclo de mediocridad y fracaso, tanto para él como para la organización que lidera.

Finalmente, un líder estúpido no tiene integridad. Es deshonesto, manipula la verdad a su conveniencia y no cumple sus promesas. Esta falta de ética erosiona la confianza de sus empleados, socios y clientes, dañando irremediablemente la reputación de la empresa.

En resumen, un líder estúpido es una mezcla de impulsividad, falta de visión, mala comunicación, ego desmedido, carencia de empatía, incapacidad para aprender y falta de integridad. Estos defectos no solo lo afectan a él como individuo, sino que también arrastran a su equipo y a su organización al fracaso. Reconocer estas características es el primer paso para evitar convertirse en un líder estúpido y para fomentar un liderazgo más consciente y efectivo.

Decisiones Impulsivas y Sin Datos

Uno de los errores más comunes y destructivos que puede cometer un líder estúpido es tomar decisiones impulsivas sin basarse en datos. Imagina estar en un avión y darte cuenta de que el piloto decide girar bruscamente sin consultar los instrumentos, simplemente porque siente que es lo correcto. Es una idea aterradora, ¿verdad? Pues así es como muchos líderes conducen sus organizaciones al desastre, confiando en sus instintos en lugar de en la información disponible.

Las decisiones impulsivas suelen ser reacciones emocionales a situaciones de presión. Cuando un líder no se toma el tiempo para analizar los datos y reflexionar sobre las posibles consecuencias, está apostando con el futuro de la empresa. Por ejemplo, un líder puede decidir lanzar un nuevo producto al mercado sin realizar estudios previos ni pruebas piloto, simplemente porque cree que es una buena idea. Sin embargo, esta falta de preparación puede llevar a un fracaso estrepitoso, con pérdidas económicas significativas y un daño irreparable a la reputación de la empresa.

Tomemos el caso de una empresa tecnológica que decidió lanzar un nuevo dispositivo sin realizar pruebas exhaustivas. El líder, entusiasmado por la novedad y presionado por la competencia, dio luz verde sin considerar las advertencias de su equipo de desarrollo. El resultado fue un producto lleno de fallos que no solo decepcionó a los clientes, sino que también generó un enorme costo en devoluciones y reparaciones. Todo esto podría haberse evitado con un poco de paciencia y análisis de datos.

Las decisiones impulsivas también pueden surgir de la sobreconfianza. Algunos líderes creen que su intuición es infalible y que pueden tomar decisiones complejas en cuestión de segundos. Esta actitud no solo es arrogante, sino también peligrosa. Un líder inteligente sabe que la intuición puede ser útil, pero que siempre debe ser respaldada por datos concretos. Sin datos, una decisión se convierte en una simple apuesta, y en el mundo de los negocios, apostar es un juego muy arriesgado.

Además, cuando un líder toma decisiones impulsivas, envía un mensaje negativo a su equipo. Los empleados comienzan a dudar de la capacidad del líder para manejar situaciones críticas y perder la confianza en sus decisiones. Esto puede llevar a un clima de incertidumbre y desmotivación, donde el equipo se siente inseguro sobre el rumbo de la empresa. Un líder que actúa sin datos socava la moral y la cohesión del grupo, creando un ambiente de trabajo tóxico.

Un ejemplo clásico de decisiones impulsivas y sin datos se puede ver en las fusiones y adquisiciones empresariales. A veces, un líder se deja llevar por el deseo de expansión rápida y compra otra empresa sin realizar la debida diligencia. Sin una evaluación detallada de los activos, pasivos y la cultura corporativa de la empresa objetivo, la fusión puede resultar desastrosa. Los conflictos culturales, los problemas financieros ocultos y las expectativas no cumplidas pueden convertir una decisión aparentemente brillante en un gran fracaso.

Entonces, ¿cómo puede un líder evitar caer en la trampa de las decisiones impulsivas? La respuesta es sencilla: tomarse el tiempo necesario para recopilar y analizar los datos relevantes. Antes de tomar una decisión importante, un líder debe buscar toda la información disponible, consultar con expertos y considerar todas las posibles consecuencias. No se trata de ralentizar el proceso de toma de decisiones hasta el punto de la parálisis, sino de asegurarse de que cada decisión esté bien fundamentada.

La planificación y la previsión son claves. Un líder debe tener una visión clara y a largo plazo, y cada decisión debe alinearse con esta visión. Es esencial establecer procesos y protocolos para la toma de decisiones que incluyan la recopilación de datos, el análisis de riesgos y la evaluación de alternativas. Estos procesos no solo ayudan a tomar mejores decisiones, sino que también fomentan una cultura de responsabilidad y cuidado en la organización.

En conclusión, las decisiones impulsivas y sin datos son una de las principales características de un líder estúpido. Estas decisiones pueden tener consecuencias devastadoras para la empresa y el equipo. La clave para evitar este error es adoptar un enfoque basado en datos, reflexionar cuidadosamente sobre cada decisión y mantener siempre una visión a largo plazo. Un liderazgo responsable y efectivo se basa en la información y el análisis, no en la intuición y la impulsividad.

Falta de Visión y Planificación Estratégica

Uno de los errores más críticos que puede cometer un líder estúpido es carecer de visión y planificación estratégica. Sin una dirección clara y un plan para llegar allí, cualquier organización está destinada al fracaso. Un líder sin visión es como un capitán de barco que navega sin rumbo en medio del océano, dejándose llevar por las corrientes y los vientos sin saber a dónde se dirige. Esto no solo es peligroso, sino también irresponsable.

La visión es el punto de partida de cualquier estrategia efectiva. Es la imagen clara y motivadora de lo que la organización quiere lograr en el futuro. Un líder con visión sabe hacia dónde quiere llevar a su equipo y tiene una idea clara de cómo llegar allí. Sin embargo, un líder estúpido carece de esta visión. No tiene una idea clara del futuro y, por lo tanto, no puede inspirar ni guiar a su equipo hacia un objetivo común.

La falta de visión se manifiesta en la toma de decisiones a corto plazo sin considerar las implicaciones a largo plazo. Este tipo de líder se enfoca en resolver problemas inmediatos sin pensar en cómo sus decisiones afectarán el futuro de la organización. Por ejemplo, puede recortar gastos en investigación y desarrollo para aumentar las ganancias a corto plazo, sin darse cuenta de que esto compromete la innovación y la competitividad a largo plazo.

Además de la visión, la planificación estratégica es esencial para el éxito. La planificación estratégica implica definir objetivos claros, identificar recursos necesarios y establecer un plan de acción para alcanzar esos objetivos. Un líder estúpido no se toma el tiempo para planificar estratégicamente. En lugar de eso, actúa de manera reactiva, respondiendo a las crisis a medida que surgen sin un plan a largo plazo.

Imagina una empresa que quiere expandirse a un nuevo mercado sin realizar un análisis exhaustivo de ese mercado. Sin una planificación adecuada, la empresa puede enfrentarse a problemas como la falta de demanda, la competencia feroz y las diferencias culturales que no había previsto. Esto puede resultar en una pérdida significativa de recursos y en el fracaso de la expansión. Una planificación estratégica adecuada habría identificado estos riesgos y preparado a la empresa para enfrentarlos de manera efectiva.

La falta de visión y planificación estratégica también se refleja en la incapacidad de anticipar y adaptarse a los cambios del mercado. Un líder estúpido no está atento a las tendencias y cambios en su industria. Esto significa que la organización puede quedarse atrás mientras sus competidores avanzan. Por ejemplo, muchas empresas que no vieron el potencial del comercio electrónico en sus inicios quedaron rezagadas mientras otras adoptaban rápidamente la tecnología y dominaban el mercado.

Otro aspecto crucial de la planificación estratégica es la gestión de recursos. Un líder sin planificación estratégica no sabe cómo asignar recursos de manera eficiente. Esto puede llevar a una distribución ineficaz de los recursos, donde algunas áreas de la empresa están sobrecargadas mientras otras carecen de lo necesario para operar. Un líder estúpido puede invertir grandes cantidades de dinero en proyectos que no tienen futuro mientras descuida áreas cruciales como el desarrollo de talento y la innovación.

La falta de visión y planificación estratégica también tiene un impacto negativo en la moral del equipo. Los empleados quieren saber hacia dónde se dirige la empresa y cómo sus esfuerzos contribuyen a ese objetivo. Sin una visión clara y un plan estratégico, los empleados pueden sentirse perdidos y desmotivados. No saber cuál es el objetivo final hace que el trabajo diario parezca sin sentido y reduce la cohesión y el compromiso del equipo.

Para evitar este error, un líder debe desarrollar una visión clara y comunicársela a todo el equipo. Esta visión debe ser inspiradora y alcanzable, y debe alinearse con los valores y objetivos de la organización. Además, el líder debe dedicar tiempo a la planificación estratégica, estableciendo objetivos a largo plazo y definiendo un plan de acción detallado para alcanzarlos. Esto incluye realizar un análisis profundo del mercado, identificar oportunidades y amenazas, y asignar recursos de manera eficiente.

En conclusión, la falta de visión y planificación estratégica es un error grave que puede llevar al fracaso de cualquier organización. Un líder estúpido que no tiene una dirección clara y no planifica a largo plazo está condenando a su equipo a navegar sin rumbo en un mar de incertidumbre. Para ser un líder efectivo, es esencial tener una visión inspiradora y un plan estratégico sólido que guíe a la organización hacia el éxito a largo plazo.

Negligencia en la Gestión del Cambio

Uno de los mayores errores que puede cometer un líder estúpido es ser negligente en la gestión del cambio. En el mundo empresarial, el cambio es inevitable. Las tecnologías evolucionan, los mercados fluctúan y las expectativas de los clientes se transforman. Sin embargo, un líder que no sabe cómo manejar estos cambios pone en peligro a toda la organización. Gestionar el cambio de manera efectiva es crucial para la supervivencia y el crecimiento de cualquier empresa.

La gestión del cambio implica preparar, equipar y apoyar a los empleados para que puedan adaptarse con éxito a nuevas situaciones y procesos. Un líder negligente en este aspecto ignora la importancia de preparar a su equipo para el cambio. En lugar de guiar y apoyar, este líder espera que todos se adapten automáticamente, como si el cambio fuera algo fácil y natural para todos. Esta actitud puede generar confusión, resistencia y un descenso en la moral de los empleados.

Imaginemos una empresa que decide implementar un nuevo sistema de software para mejorar la eficiencia operativa. Un líder estúpido anunciaría el cambio de la noche a la mañana, sin proporcionar formación adecuada ni explicar por qué es necesario el nuevo sistema. Los empleados se encontrarían luchando para entender cómo funciona el software, cometiendo errores y sintiéndose frustrados. La productividad disminuiría, y el resentimiento hacia el liderazgo aumentaría. En cambio, un líder competente planificaría una implementación gradual, ofreciendo capacitación y soporte continuo, y comunicando claramente los beneficios del nuevo sistema.

Otra faceta de la negligencia en la gestión del cambio es la falta de comunicación efectiva. Un líder estúpido no se molesta en explicar a los empleados por qué el cambio es necesario ni cómo se llevará a cabo. Esta falta de información crea un vacío donde la incertidumbre y los rumores pueden florecer. Los empleados, sin entender el propósito del cambio, pueden resistirse activamente o, peor aún, sentirse desmotivados y desenganchados. Una comunicación clara, abierta y constante es esencial para reducir la ansiedad y fomentar la cooperación durante los períodos de transición.

La resistencia al cambio es una reacción natural, y un líder debe estar preparado para gestionarla. Un líder estúpido puede ignorar o minimizar las preocupaciones de los empleados, etiquetándolas como falta de compromiso o negatividad. Sin embargo, estas preocupaciones suelen ser válidas y merecen ser escuchadas y abordadas. Un buen líder crea espacios para el diálogo, escucha activamente y busca soluciones colaborativas. Esta apertura no solo facilita la adaptación al cambio, sino que también fortalece la relación entre el liderazgo y el equipo.

Además, un líder negligente en la gestión del cambio suele subestimar el impacto emocional que los cambios pueden tener en los empleados. Los cambios pueden generar estrés, ansiedad y una sensación de pérdida. Un líder sensible reconoce estas emociones y proporciona el apoyo necesario para ayudar a los empleados a navegar por estas transiciones. Esto puede incluir ofrecer asesoramiento, establecer canales de comunicación abiertos y asegurarse de que los empleados sepan que sus sentimientos son válidos y que no están solos.

El impacto de la negligencia en la gestión del cambio no solo se siente a nivel individual, sino que también puede afectar el desempeño general de la empresa. Una mala gestión del cambio puede resultar en una disminución de la productividad, un aumento en la rotación de personal y una pérdida de competitividad en el mercado. Las empresas que no pueden adaptarse rápidamente a las nuevas circunstancias corren el riesgo de quedarse atrás y, en el peor de los casos, de cerrar sus puertas.

Por ejemplo, considera una tienda minorista que no se adapta a la tendencia creciente de las compras en línea. Un líder estúpido puede ignorar esta tendencia, insistiendo en que los métodos tradicionales siguen siendo suficientes. Mientras tanto, los competidores que adoptan plataformas de comercio electrónico comienzan a captar una mayor cuota de mercado. La tienda se encuentra luchando para atraer clientes, y eventualmente, puede verse obligada a cerrar debido a la disminución de las ventas.

Para evitar este error, los líderes deben adoptar un enfoque proactivo y sistemático para la gestión del cambio. Esto incluye planificar cuidadosamente el proceso de cambio, comunicar claramente los objetivos y beneficios, involucrar a los empleados en el proceso, proporcionar el apoyo y la formación necesarios, y estar dispuestos a ajustar el plan según sea necesario. Un líder efectivo entiende que el cambio es un proceso continuo y que el éxito depende de la capacidad de la organización para adaptarse y evolucionar.

En resumen, la negligencia en la gestión del cambio es un error grave que puede tener consecuencias devastadoras para cualquier organización. Un líder estúpido que no prepara, apoya ni comunica adecuadamente durante los períodos de cambio está condenando a su equipo al fracaso. Gestionar el cambio de manera efectiva es fundamental para mantener la competitividad y asegurar el éxito a largo plazo de la empresa. Un liderazgo atento y comprometido con la gestión del cambio puede transformar los desafíos en oportunidades y llevar a la organización hacia un futuro prometedor.

Paulette Durand

Micromanagement y Falta de Delegación

Uno de los errores más frustrantes y desmoralizadores que puede cometer un líder estúpido es el micromanagement, o la gestión excesiva de los detalles, y la falta de delegación. Estos errores no solo afectan la eficiencia de la organización, sino que también destruyen la moral del equipo, creando un ambiente de trabajo tenso y poco productivo.

El micromanagement ocurre cuando un líder insiste en supervisar y controlar cada pequeño detalle del trabajo de sus empleados. Este tipo de líder no confía en su equipo para tomar decisiones o realizar tareas por sí mismos. Imagina un director de orquesta que intenta tocar todos los instrumentos al mismo tiempo en lugar de permitir que los músicos hagan su trabajo. El resultado es un caos, y nadie puede desempeñarse correctamente bajo tanta presión y control.

Un líder que practica el micromanagement revisa constantemente el trabajo de sus empleados, ofrece críticas innecesarias y exige aprobaciones para cada pequeño paso. Esto no solo ralentiza el progreso, sino que también sofoca la creatividad y la iniciativa. Los empleados se sienten como si estuvieran constantemente bajo vigilancia y temen cometer errores, lo que reduce su confianza y autonomía. En lugar de enfocarse en tareas importantes y estratégicas, el líder se consume en los detalles triviales, descuidando su verdadero papel de guía y mentor.

La falta de delegación es otro problema relacionado. Delegar es el acto de asignar responsabilidades y tareas a otros miembros del equipo, confiando en sus habilidades y juicio para llevarlas a cabo. Un líder estúpido, sin embargo, tiene dificultades para dejar ir el control y delegar tareas importantes. Este líder puede creer que nadie más puede hacer el trabajo tan bien como él o que delegar es un signo de debilidad. Sin embargo, esta mentalidad es contraproducente.

Cuando un líder no delega, se sobrecarga de trabajo y se vuelve ineficiente. En lugar de centrarse en la estrategia y la planificación a largo plazo, se encuentra atrapado en tareas diarias que podrían ser manejadas fácilmente por otros. Esto no solo limita el crecimiento y la innovación, sino que también pone en riesgo la salud y el bienestar del líder. Además, los empleados sienten que no se confía en ellos y que no tienen la oportunidad de desarrollarse profesionalmente, lo que lleva a una alta rotación de personal y a una falta de compromiso.

Un ejemplo clásico de micromanagement y falta de delegación podría ser un gerente de proyecto que insiste en revisar y aprobar cada correo electrónico enviado por su equipo. En lugar de permitir que los miembros del equipo manejen la comunicación por sí mismos, el gerente se involucra en cada detalle, lo que retrasa la respuesta y crea frustración. El equipo comienza a sentirse paralizado, esperando siempre la aprobación del gerente antes de avanzar, lo que resulta en proyectos retrasados y oportunidades perdidas.

El impacto negativo del micromanagement y la falta de delegación no se limita solo a la productividad y la moral. También puede afectar la creatividad y la innovación. Cuando los empleados no tienen la libertad de experimentar y tomar decisiones, se vuelven menos propensos a proponer nuevas ideas o soluciones. La empresa, por lo tanto, pierde la ventaja de tener un equipo diverso y talentoso que puede contribuir con diferentes perspectivas y enfoques.

Para evitar estos errores, un líder debe aprender a confiar en su equipo y a delegar tareas de manera efectiva. Esto implica identificar las fortalezas y habilidades de cada miembro del equipo y asignarles responsabilidades que se alineen con esas habilidades. También es importante establecer expectativas claras y proporcionar el apoyo y los recursos necesarios para que los empleados puedan cumplir con sus responsabilidades. La delegación efectiva no solo libera tiempo para el líder, sino que también empodera a los empleados, fomentando un sentido de propiedad y compromiso con su trabajo.

Un buen líder también debe aprender a soltar el control y permitir que los empleados tomen decisiones y cometan errores. Los errores son una parte inevitable del proceso de aprendizaje y crecimiento. En lugar de castigarlos, un líder debe utilizarlos como oportunidades para enseñar y mejorar. Esto crea un ambiente de confianza y apoyo, donde los empleados se sienten seguros para asumir riesgos y buscar soluciones innovadoras.

En resumen, el micromanagement y la falta de delegación son errores que pueden tener consecuencias devastadoras para una organización. Un líder estúpido que insiste en controlar cada detalle y no confía en su equipo está condenando a su empresa a la ineficiencia, la desmotivación y la falta de crecimiento. Para ser un líder efectivo, es esencial aprender a delegar responsabilidades, confiar en las habilidades del equipo y permitir que los empleados tomen decisiones y aprendan de sus experiencias. Solo así se puede crear un ambiente de trabajo positivo y productivo, donde todos puedan contribuir al éxito de la organización.

Desconexión con las Necesidades del Mercado

Uno de los errores más perjudiciales que puede cometer un líder estúpido es estar desconectado de las necesidades del mercado. En un entorno empresarial en constante cambio, comprender y adaptarse a las demandas del mercado es crucial para el éxito. Sin embargo, muchos líderes se encierran en sus oficinas, confiando en su intuición y en datos obsoletos en lugar de mantenerse al día con las tendencias y expectativas del mercado. Este tipo de desconexión puede llevar a decisiones erróneas y a la eventual caída de la empresa.

La desconexión con el mercado se manifiesta de varias maneras. En primer lugar, un líder que no presta atención al mercado puede lanzar productos o servicios que nadie quiere o necesita. Imagina una empresa de tecnología que invierte millones en desarrollar un nuevo dispositivo, solo para descubrir que los consumidores ya no están interesados en esa tecnología. Sin una investigación de mercado adecuada y sin escuchar a los clientes, la empresa ha desperdiciado recursos valiosos en algo que no tiene demanda.

Un ejemplo real de esto es el caso de Blockbuster. En su apogeo, Blockbuster era el rey del alquiler de películas. Sin embargo, sus líderes no vieron el cambio hacia el streaming de películas en línea. Netflix, en cambio, entendió las necesidades cambiantes del mercado y adaptó su modelo de negocio. Mientras Netflix crecía y se convertía en una potencia en el entretenimiento en línea, Blockbuster se aferraba a su modelo tradicional de tiendas físicas y terminó desapareciendo. La falta de visión y adaptación a las necesidades del mercado condenó a Blockbuster al fracaso.

Otra forma en que un líder puede estar desconectado del mercado es no entender las preferencias cambiantes de los consumidores. Las expectativas y los gustos de los clientes cambian con el tiempo, y un líder debe estar atento a estas transformaciones. Por ejemplo, en la industria alimentaria, los consumidores de hoy en día buscan opciones más saludables y sostenibles. Una empresa que no se adapta a esta tendencia y sigue ofreciendo productos poco saludables puede perder rápidamente su base de clientes a favor de competidores que sí responden a estas nuevas demandas.

La desconexión con el mercado también puede resultar de la falta de innovación. Un líder estúpido puede estar tan atrapado en las prácticas y productos existentes que no se da cuenta de la necesidad de innovar. La innovación es esencial para mantenerse relevante y competitivo. Sin embargo, la innovación no se trata solo de crear nuevos productos, sino también de mejorar y adaptar los productos y servicios existentes para satisfacer mejor las necesidades del mercado. Una empresa que no innova está destinada a estancarse y, eventualmente, a ser superada por competidores más ágiles y atentos.

Además, un líder desconectado del mercado a menudo no escucha a sus clientes. La retroalimentación de los clientes es una fuente invaluable de información sobre lo que funciona y lo que no. Ignorar esta retroalimentación es un error grave. Un líder que no escucha a sus clientes no puede mejorar sus productos o servicios ni resolver problemas antes de que se conviertan en crisis. La falta de atención a las quejas y sugerencias de los clientes puede resultar en una disminución de la lealtad y en una mala reputación.

La desconexión con el mercado también puede llevar a una mala toma de decisiones estratégicas. Sin una comprensión clara del mercado, un líder puede hacer inversiones equivocadas, elegir socios inadecuados o entrar en mercados que no son rentables. Estas decisiones pueden tener consecuencias devastadoras para la empresa. Un ejemplo clásico es el de Coca-Cola cuando lanzó "New Coke" en la década de 1980. Pensando que los consumidores querían un cambio, la compañía reformuló su receta clásica. Sin embargo, los consumidores rechazaron el nuevo sabor, y Coca-Cola tuvo que revertir su decisión. Esta desconexión con las preferencias del mercado costó a la empresa millones de dólares y dañó su imagen.

Para evitar este error, los líderes deben mantenerse conectados con el mercado de varias maneras. Primero, deben invertir en investigación de mercado continua. Esto incluye encuestas, grupos focales y análisis de datos para entender mejor a los clientes y sus necesidades cambiantes. La información obtenida debe ser utilizada para tomar decisiones informadas y estratégicas.

Segundo, los líderes deben fomentar una cultura de escucha activa dentro de la empresa. Esto significa valorar y actuar sobre la retroalimentación de los clientes y empleados. Los empleados, que están en contacto directo con los clientes, pueden proporcionar información valiosa sobre las tendencias del mercado y las preocupaciones de los clientes. Al valorar estas perspectivas, un líder puede tomar decisiones más alineadas con las necesidades del mercado.

Tercero, los líderes deben estar dispuestos a innovar y adaptarse. Esto no solo implica desarrollar nuevos productos, sino también mejorar y ajustar los productos existentes para satisfacer mejor las demandas del mercado. La innovación debe ser vista como un proceso continuo y no como un evento único.

En conclusión, la desconexión con las necesidades del mercado es un error grave que puede llevar a la obsolescencia y al fracaso de cualquier empresa. Un líder estúpido que no presta atención a las tendencias y demandas del mercado, que no escucha a sus clientes y que no innova, está condenando a su organización a quedarse atrás. Para ser un líder efectivo, es crucial mantenerse conectado con el mercado, invertir en investigación, escuchar activamente y estar dispuesto a adaptarse y evolucionar. Solo así se puede asegurar el éxito y la relevancia a largo plazo en un entorno empresarial en constante cambio.

Comunicación Deficiente

Uno de los errores más comunes y devastadores que puede cometer un líder estúpido es tener una comunicación deficiente. La comunicación es el corazón de cualquier organización; es lo que mantiene a todos en la misma página, asegura que las tareas se completen correctamente y permite resolver problemas rápidamente. Sin una comunicación clara y efectiva, una organización puede desmoronarse por la confusión, la desinformación y la falta de dirección.

Una de las formas más evidentes de comunicación deficiente es la falta de claridad. Un líder estúpido a menudo da instrucciones vagas o contradictorias, lo que deja a los empleados sin saber exactamente qué se espera de ellos. Por ejemplo, imagina un gerente que dice: "Quiero que este proyecto se haga rápidamente, pero asegúrate de no cometer ningún error." Estas instrucciones son confusas porque "rápidamente" y "sin errores" pueden ser objetivos conflictivos. Los empleados, sin una guía clara, pueden sentirse paralizados, sin saber si deben priorizar la velocidad o la precisión.

La falta de claridad también se manifiesta en la incapacidad de definir objetivos y expectativas. Cuando los empleados no saben cuáles son las metas de la organización o lo que se espera de ellos, es difícil para ellos alinear sus esfuerzos con los objetivos de la empresa. Esto puede llevar a la desmotivación y a la baja productividad. Un buen líder debe ser capaz de articular claramente los objetivos y expectativas, asegurándose de que todos entienden y están alineados con la visión de la organización.

Otra faceta de la comunicación deficiente es la falta de retroalimentación. Un líder estúpido puede no dar retroalimentación regular o constructiva a sus empleados. La retroalimentación es crucial para el desarrollo y crecimiento de los empleados, ya que les permite saber qué están haciendo bien y en qué áreas necesitan mejorar. Sin retroalimentación, los empleados pueden sentirse desorientados y desmotivados. Por ejemplo, si un empleado entrega un trabajo pensando que ha hecho un buen trabajo pero no recibe ningún comentario, puede seguir repitiendo los mismos errores sin saberlo.

La falta de escucha también es un gran problema. Un líder que no escucha a sus empleados crea un ambiente donde las ideas y preocupaciones de los empleados no se valoran. Esto no solo desmoraliza a los empleados, sino que también priva a la organización de valiosas ideas y soluciones. Los empleados que se sienten ignorados son menos propensos a contribuir con nuevas ideas o a señalar problemas que podrían evitarse. Un líder efectivo debe fomentar una cultura de escucha activa, donde las opiniones y sugerencias de los empleados sean valoradas y consideradas.

La comunicación deficiente también puede llevar a una falta de transparencia. Un líder estúpido puede retener información importante, ya sea por falta de confianza en los empleados o por miedo a la reacción. Sin embargo, la falta de transparencia genera desconfianza y rumores. Los empleados que no tienen acceso a la información esencial pueden sentirse inseguros y desconfiados. La transparencia, por otro lado, construye confianza y lealtad.

Compartir información relevante y ser honesto sobre los desafíos y éxitos de la organización crea un ambiente de trabajo más cohesionado y motivado.

Un ejemplo clásico de comunicación deficiente es cuando una empresa pasa por una reestructuración o cambio significativo y los empleados no son informados adecuadamente. Sin una comunicación clara, los empleados pueden llenarse de rumores y suposiciones, lo que crea un ambiente de miedo e incertidumbre. En lugar de enfocarse en su trabajo, los empleados están preocupados por su futuro y desconfían de la gestión. Un líder efectivo debe comunicar de manera abierta y honesta, explicando el "qué", "por qué" y "cómo" de los cambios, y asegurando a los empleados su valor y rol en la organización.

Además, una comunicación deficiente puede llevar a una falta de cohesión y colaboración dentro del equipo. Cuando los miembros del equipo no se comunican adecuadamente entre sí, pueden surgir malentendidos y conflictos. La falta de comunicación también puede resultar en duplicación de esfuerzos, errores y retrasos.

Un líder debe fomentar una comunicación abierta y fluida dentro del equipo, asegurándose de que todos están informados y pueden colaborar de manera efectiva.

Para mejorar la comunicación, un líder debe desarrollar habilidades de comunicación claras y efectivas. Esto incluye la capacidad de dar instrucciones precisas, proporcionar retroalimentación constructiva, escuchar activamente y ser transparente. Además, es importante crear canales de comunicación abiertos y accesibles, donde los empleados se sientan cómodos compartiendo sus ideas y preocupaciones. La tecnología también puede ser una herramienta valiosa para mejorar la comunicación, a través de herramientas de colaboración en línea, reuniones virtuales y plataformas de mensajería instantánea.

En resumen, la comunicación deficiente es un error crítico que puede tener consecuencias graves para cualquier organización. Un líder estúpido que no se comunica claramente, no proporciona retroalimentación, no escucha y no es transparente, está condenando a su equipo a la confusión, la desmotivación y la ineficiencia. Para ser un líder efectivo, es esencial desarrollar habilidades de comunicación sólidas y crear un ambiente donde la comunicación abierta y honesta sea valorada y fomentada. Solo a través de una comunicación efectiva se puede asegurar la cohesión del equipo, la productividad y el éxito a largo plazo de la organización.

Escuchar Sin Comprender

Uno de los errores más insidiosos y frustrantes que puede cometer un líder estúpido es escuchar sin comprender. Escuchar de manera superficial, sin realmente captar el significado y las emociones detrás de las palabras, es una falla que puede desmoronar la moral del equipo y llevar a decisiones erróneas. Este tipo de líder puede creer que está siendo accesible y atento, pero en realidad, está perdiendo información crucial y dejando a sus empleados sintiéndose ignorados y subestimados.

Escuchar sin comprender es como leer un libro sin prestarle atención a la trama o los personajes. Puedes pasar tus ojos por las palabras, pero no captarás la esencia ni los detalles importantes. Del mismo modo, un líder que solo escucha de manera superficial puede oír las palabras de sus empleados, pero no entender el contexto, las preocupaciones o las sugerencias que están compartiendo. Esta falta de comprensión puede llevar a malentendidos y frustraciones que afectan negativamente la dinámica del equipo y el éxito de la organización.

Una de las manifestaciones más comunes de escuchar sin comprender es la tendencia a interrumpir o apresurarse a dar respuestas sin dejar que la otra persona termine de hablar. Un líder que interrumpe constantemente está demostrando que no valora lo que su interlocutor tiene que decir. Además, al no permitir que se complete el mensaje, el líder puede perder detalles importantes que podrían influir en su comprensión y en la calidad de sus decisiones.

Otra forma de escuchar sin comprender es dar respuestas o soluciones apresuradas sin tomarse el tiempo para considerar todas las implicaciones. Por ejemplo, si un empleado expresa preocupación por una carga de trabajo excesiva, un líder que escucha sin comprender podría simplemente decir: "Trabaja más rápido" o "Organízate mejor", sin indagar en las causas subyacentes del problema ni ofrecer apoyo práctico. Esto no solo es insensible, sino que también demuestra una falta de empatía y comprensión, lo que puede desmotivar al empleado y agravar el problema.

Escuchar sin comprender también se puede manifestar en la falta de seguimiento. Un líder puede escuchar una preocupación o una sugerencia, pero si no toma medidas o no proporciona retroalimentación, el empleado puede sentirse ignorado y desvalorizado. La falta de acción y respuesta puede erosionar la confianza y el respeto hacia el líder, creando un ambiente de trabajo en el que los empleados no se sienten motivados para compartir sus ideas o preocupaciones en el futuro.

Para evitar este error, un líder debe practicar la escucha activa. La escucha activa implica prestar plena atención al interlocutor, sin distracciones, y esforzarse por entender realmente lo que se está diciendo. Esto incluye hacer preguntas aclaratorias, parafrasear lo que se ha escuchado para confirmar la comprensión y mostrar empatía hacia los sentimientos y preocupaciones del otro. Un buen líder no solo escucha las palabras, sino que también capta el tono, el lenguaje corporal y las emociones subyacentes.

Por ejemplo, si un empleado expresa su frustración por la falta de recursos para completar un proyecto, un líder que practica la escucha activa podría responder: "Entiendo que te sientes frustrado por la falta de recursos. ¿Puedes darme más detalles sobre los recursos que necesitas y cómo te están afectando?" Esta respuesta no solo muestra que el líder ha escuchado, sino que también demuestra un interés genuino por comprender y resolver el problema.

Además de la escucha activa, es importante que los líderes fomenten un ambiente de comunicación abierta. Esto significa crear espacios y momentos donde los empleados se sientan cómodos compartiendo sus ideas y preocupaciones. Un líder puede organizar reuniones regulares de equipo, sesiones de retroalimentación y tener una política de puertas abiertas. Al fomentar un ambiente de comunicación abierta, los líderes pueden asegurarse de que están recibiendo información valiosa y de que sus empleados se sienten escuchados y valorados.

Un ejemplo clásico de escuchar sin comprender es cuando un empleado expresa su preocupación por el equilibrio entre el trabajo y la vida personal, y el líder simplemente responde: "Todos estamos ocupados, solo tienes que aguantar". Esta respuesta no solo ignora la preocupación legítima del empleado, sino que también muestra una falta de empatía y comprensión. Un líder que realmente comprende respondería con algo como: "Entiendo que mantener un equilibrio entre el trabajo y la vida personal puede ser difícil. ¿Podemos discutir algunas formas en que podemos ayudarte a manejar mejor tu carga de trabajo?"

La falta de comprensión al escuchar también puede llevar a decisiones mal informadas y a una falta de alineación con los objetivos del equipo. Un líder que no comprende las verdaderas necesidades y preocupaciones de su equipo puede tomar decisiones que no resuelven los problemas subyacentes o que incluso los empeoran. Por ejemplo, un líder puede implementar una nueva política para mejorar la productividad sin comprender que la verdadera causa de la baja productividad es la falta de formación o recursos, no la falta de esfuerzo de los empleados.

En resumen, escuchar sin comprender es un error crítico que puede tener consecuencias devastadoras para cualquier organización. Un líder estúpido que solo escucha de manera superficial, sin realmente captar el significado y las emociones detrás de las palabras, está condenando a su equipo a la frustración, la desmotivación y la ineficiencia. Para ser un líder efectivo, es esencial practicar la escucha activa, mostrar empatía, y fomentar un ambiente de comunicación abierta y honesta. Solo así se puede asegurar una comprensión verdadera de las necesidades y preocupaciones del equipo, lo que lleva a decisiones más informadas, un mayor compromiso y un éxito a largo plazo.

Incapacidad para Inspirar y Motivar

Uno de los errores más perjudiciales que puede cometer un líder estúpido es la incapacidad para inspirar y motivar a su equipo. Un líder que no sabe cómo encender la chispa de la inspiración y la motivación en sus empleados está condenado a dirigir un equipo desmotivado, poco comprometido y, en última instancia, ineficaz. Inspirar y motivar no es solo una habilidad deseable; es una necesidad absoluta para cualquier líder que quiera ver a su equipo prosperar y alcanzar grandes logros.

La inspiración y la motivación son los motores que impulsan la productividad y la creatividad. Cuando los empleados están inspirados, están más dispuestos a superar desafíos, a aportar ideas innovadoras y a trabajar con pasión y dedicación. Por otro lado, un equipo desmotivado se arrastra por las tareas diarias, hace lo mínimo necesario y carece de la energía para superar obstáculos. La diferencia entre un equipo inspirado y uno desmotivado puede ser la diferencia entre el éxito y el fracaso de un proyecto o incluso de toda una empresa.

Un líder que no puede inspirar a su equipo a menudo carece de visión. La visión es una imagen clara y convincente de lo que la organización quiere lograr y cómo planea llegar allí. Un líder inspirador comunica esta visión de manera que los empleados puedan ver su papel en ella y se sientan parte de algo más grande que ellos mismos. Por ejemplo, un líder en una empresa de tecnología puede inspirar a su equipo al compartir una visión de cómo sus innovaciones cambiarán la vida de las personas y mejorarán el mundo. Sin una visión clara, los empleados pueden sentirse como si estuvieran trabajando sin rumbo, lo que puede llevar a la desmotivación y la apatía.

Además de la visión, un líder debe demostrar pasión y entusiasmo por el trabajo. La pasión es contagiosa; cuando un líder muestra un genuino entusiasmo por lo que hace, los empleados tienden a seguir su ejemplo. Un líder que llega a la oficina todos los días con energía y un fuerte deseo de alcanzar los objetivos puede levantar el ánimo de todo el equipo. Por otro lado, un líder apático o indiferente puede desmotivar incluso a los empleados más entusiastas. Un buen ejemplo de esto es un entrenador deportivo que muestra una intensa pasión y compromiso durante los entrenamientos y los partidos, inspirando a los jugadores a dar lo mejor de sí mismos.

La incapacidad para motivar también puede estar relacionada con la falta de reconocimiento y recompensa. Los empleados necesitan sentirse valorados y apreciados por su trabajo. Un simple "gracias" o un reconocimiento público puede hacer maravillas para la moral del equipo. Un líder estúpido que nunca reconoce los logros de su equipo o que se lleva el crédito por el trabajo de los demás está socavando la motivación de sus empleados. Las recompensas no siempre tienen que ser monetarias; pueden ser oportunidades de desarrollo profesional, tiempo libre adicional, o incluso pequeñas muestras de aprecio, como una nota de agradecimiento.

Un buen líder también entiende la importancia de establecer objetivos claros y alcanzables. Los empleados se sienten motivados cuando saben exactamente qué se espera de ellos y pueden ver el progreso hacia sus metas. Un líder que no establece objetivos claros deja a los empleados sin un sentido de dirección, lo que puede llevar a la frustración y la desmotivación. Además, es importante que estos objetivos sean alcanzables; establecer metas imposibles de alcanzar puede ser desalentador y desmoralizante. Un líder inspirador se asegura de que los objetivos sean desafiantes pero realistas y celebra los hitos alcanzados en el camino.

Otro aspecto crucial es el apoyo y el desarrollo de los empleados. Un líder debe estar comprometido con el crecimiento y el desarrollo profesional de su equipo. Esto puede incluir ofrecer oportunidades de formación, proporcionar retroalimentación constructiva y ayudar a los empleados a desarrollar sus habilidades y avanzar en sus carreras. Cuando los empleados sienten que su líder está invertido en su éxito personal y profesional, están más motivados para dar lo mejor de sí mismos. Un líder que ignora el desarrollo de su equipo o que no ofrece apoyo puede hacer que los empleados se sientan estancados y desmotivados.

La comunicación también juega un papel fundamental en la inspiración y la motivación. Un líder debe ser un comunicador efectivo, capaz de transmitir la visión, los objetivos y el entusiasmo de manera clara y convincente. Además, debe estar dispuesto a escuchar las ideas y preocupaciones de los empleados, creando un ambiente donde todos se sientan escuchados y valorados. Un líder que se comunica de manera efectiva puede inspirar confianza y lealtad, mientras que uno que falla en la comunicación puede generar confusión y desconfianza.

Finalmente, un líder inspirador lidera con el ejemplo. Los empleados miran a sus líderes en busca de orientación y ejemplo. Un líder que trabaja duro, demuestra integridad y mantiene una actitud positiva puede inspirar a su equipo a hacer lo mismo. Por el contrario, un líder que muestra un comportamiento negativo, falta de ética o pereza puede desmoralizar a su equipo y establecer un mal ejemplo. Liderar con el ejemplo significa ser coherente en palabras y acciones y demostrar los valores y la ética que se esperan del equipo.

En resumen, la incapacidad para inspirar y motivar es un error crítico que puede tener graves consecuencias para cualquier organización. Un líder estúpido que no puede encender la chispa de la inspiración y la motivación en su equipo está condenando a su organización a la mediocridad y al fracaso. Para ser un líder efectivo, es esencial tener una visión clara, demostrar pasión y entusiasmo, reconocer y recompensar a los empleados, establecer objetivos claros, apoyar el desarrollo profesional y comunicar de manera efectiva. Solo a través de estos esfuerzos puede un líder inspirar y motivar a su equipo para alcanzar grandes logros y asegurar el éxito a largo plazo de la organización.

Ego y Arrogancia

El ego y la arrogancia son dos de los peores enemigos de un liderazgo efectivo. Un líder con un ego inflado y una actitud arrogante puede causar estragos en un equipo, destruyendo la moral, obstaculizando la colaboración y saboteando el éxito organizacional. La incapacidad de un líder para controlar su ego y mantener la humildad puede tener consecuencias devastadoras tanto para el equipo como para la empresa en su conjunto.

El ego en el liderazgo se manifiesta de muchas formas, todas ellas perjudiciales. Un líder con un ego desmedido tiende a creer que siempre tiene la razón y que sus ideas y decisiones son superiores a las de los demás. Esto puede llevar a ignorar o minimizar las contribuciones y opiniones de los miembros del equipo, creando un ambiente donde las personas se sienten infravaloradas y desmotivadas. Un líder arrogante que se niega a escuchar las ideas de los demás está cerrando la puerta a la innovación y la mejora continua. Por ejemplo, imagina a un gerente que insiste en que su forma de hacer las cosas es la única correcta y descarta cualquier sugerencia de sus empleados sin siquiera considerarlas. Esto no solo desmotiva al equipo, sino que también priva a la organización de valiosas perspectivas y soluciones.

La arrogancia también puede manifestarse en la falta de reconocimiento y agradecimiento. Un líder con un gran ego puede creer que todos los éxitos de la organización son resultado de sus propios esfuerzos y no reconocer la contribución del equipo. Este comportamiento es extremadamente desmotivador. Los empleados necesitan sentir que su trabajo es valorado y que sus esfuerzos son reconocidos. Un líder que se lleva todo el crédito por los logros del equipo está minando la moral y fomentando un ambiente de resentimiento y desconfianza. Un ejemplo clásico es el jefe que siempre se atribuye el mérito por un proyecto exitoso sin mencionar el arduo trabajo de su equipo, lo que lleva a la desmotivación y la falta de compromiso de los empleados.

El ego también puede llevar a un comportamiento defensivo y a la incapacidad de admitir errores. Un líder que no puede reconocer sus propios errores y aprender de ellos está condenado a repetirlos. La humildad es una cualidad esencial en un buen líder, ya que permite el crecimiento personal y profesional. Un líder arrogante que siempre culpa a los demás o encuentra excusas para sus propios fallos está creando un ambiente de miedo y falta de responsabilidad. Por ejemplo, si un proyecto fracasa, un líder humilde admitirá su parte de responsabilidad y trabajará para encontrar soluciones y aprender de la experiencia. En cambio, un líder arrogante buscará culpar a otros o justificar sus acciones sin aceptar ninguna culpa.

La arrogancia también puede llevar a la falta de empatía. Un líder con un gran ego puede ser incapaz de ponerse en el lugar de sus empleados y entender sus necesidades y preocupaciones. La empatía es crucial para construir relaciones fuertes y positivas dentro del equipo. Un líder que carece de empatía puede parecer distante y desinteresado en el bienestar de sus empleados, lo que puede llevar a la desmotivación y la baja moral. Un ejemplo sería un líder que no se da cuenta del estrés y la carga de trabajo de su equipo y sigue aumentando las demandas sin ofrecer apoyo ni reconocimiento.

Otro aspecto negativo del ego y la arrogancia es la incapacidad de aceptar retroalimentación. Un líder que no está dispuesto a escuchar las críticas constructivas y mejorar está limitando su propio crecimiento y el de la organización. La retroalimentación es una herramienta valiosa para el desarrollo y la mejora continua. Un líder que rechaza la retroalimentación porque cree que siempre tiene la razón está cerrando la puerta a la mejora y el progreso. Por ejemplo, si un líder recibe retroalimentación sobre su estilo de comunicación y se niega a considerar los comentarios, está perdiendo la oportunidad de mejorar sus habilidades y fortalecer las relaciones dentro del equipo.

Para contrarrestar el ego y la arrogancia, un líder debe cultivar la humildad y la auto-reflexión. La humildad implica reconocer que no se tienen todas las respuestas y que se puede aprender de los demás. Un líder humilde valora y respeta las contribuciones de su equipo y está dispuesto a escuchar y considerar diferentes perspectivas. La auto-reflexión permite a los líderes evaluar sus propias acciones y decisiones de manera crítica y buscar formas de mejorar. Un líder que practica la humildad y la auto-reflexión está mejor equipado para construir un equipo fuerte y exitoso.

Un buen líder también debe fomentar una cultura de reconocimiento y agradecimiento. Esto significa reconocer y celebrar los logros del equipo y mostrar aprecio por el trabajo duro y la dedicación de los empleados. Un simple gesto de agradecimiento puede tener un gran impacto en la moral y el compromiso del equipo. Un líder que muestra gratitud y reconocimiento está construyendo un ambiente positivo y motivador donde los empleados se sienten valorados y respetados.

Además, es importante que los líderes sean accesibles y abiertos a la retroalimentación. Esto significa crear canales abiertos de comunicación donde los empleados se sientan cómodos compartiendo sus ideas y preocupaciones. Un líder que está dispuesto a escuchar y considerar la retroalimentación está demostrando respeto por su equipo y un compromiso con la mejora continua. Esto no solo fortalece las relaciones dentro del equipo, sino que también permite a la organización adaptarse y crecer.

En resumen, el ego y la arrogancia son dos de los mayores obstáculos para un liderazgo efectivo. Un líder que no puede controlar su ego y mantener la humildad está condenando a su equipo a la desmotivación, la falta de innovación y el fracaso. Para ser un líder efectivo, es esencial practicar la humildad, la auto-reflexión, el reconocimiento y la apertura a la retroalimentación. Solo a través de estos esfuerzos puede un líder construir un equipo fuerte, motivado y exitoso, capaz de alcanzar grandes logros y asegurar el éxito a largo plazo de la organización.

Falta de Autocrítica y Aprendizaje Continuo

Un líder que no practica la autocrítica y el aprendizaje continuo se estanca, y con él, todo su equipo. La falta de autocrítica y de un compromiso con el aprendizaje continuo son fallas graves que pueden llevar al fracaso tanto del líder como de la organización. En este capítulo, exploraremos cómo estos defectos afectan la dinámica del equipo y la eficiencia organizacional, y por qué es crucial que los líderes se esfuercen por mejorar constantemente.

La autocrítica es la capacidad de evaluar honestamente las propias acciones y decisiones. Un líder que carece de autocrítica es como un capitán que navega sin un mapa ni una brújula; no tiene manera de corregir el rumbo cuando se desvía. La autocrítica permite a los líderes reconocer sus errores, aprender de ellos y hacer los ajustes necesarios para mejorar. Sin esta habilidad, un líder se convierte en su peor enemigo, repitiendo los mismos errores una y otra vez sin aprender nada en el proceso.

Un líder sin autocrítica tiende a culpar a otros por sus fallos. Por ejemplo, si un proyecto fracasa, en lugar de analizar qué decisiones pudieron haber contribuido al fracaso y cómo se podrían haber hecho las cosas de manera diferente, un líder sin autocrítica buscará culpables entre los miembros del equipo. Esta actitud no solo es injusta, sino que también crea un ambiente de miedo y desconfianza, donde los empleados temen asumir riesgos o tomar decisiones por miedo a ser castigados por los errores del líder.

La falta de autocrítica también puede llevar a una desconexión con la realidad. Un líder que no se toma el tiempo para reflexionar sobre su desempeño y escuchar las opiniones de su equipo puede perder de vista lo que realmente está sucediendo en la organización. Esto puede resultar en decisiones mal informadas y estrategias que no se alinean con las necesidades y desafíos actuales. Por ejemplo, un líder que no se da cuenta de que su estilo de gestión autoritario está desmotivando a su equipo puede seguir implementando políticas que agravan el problema, en lugar de buscar formas de fomentar un ambiente de trabajo más colaborativo y motivador.

El aprendizaje continuo es igualmente crucial para el éxito del liderazgo. En un mundo que cambia rápidamente, las habilidades y conocimientos de ayer pueden no ser suficientes para enfrentar los desafíos de hoy y mañana. Un líder que no se compromete con el aprendizaje continuo corre el riesgo de quedarse atrás, tanto en términos de habilidades técnicas como de estrategias de gestión. La falta de aprendizaje continuo puede resultar en una falta de innovación y una incapacidad para adaptarse a nuevas circunstancias, lo que puede ser fatal para la organización.

Un líder comprometido con el aprendizaje continuo busca activamente oportunidades para mejorar y expandir sus conocimientos. Esto puede incluir la lectura de libros y artículos, la asistencia a conferencias y seminarios, la participación en cursos y talleres, y la búsqueda de mentoría. Un ejemplo de un líder que practica el aprendizaje continuo es alguien que, al enfrentarse a un desafío tecnológico en su empresa, decide tomar un curso sobre la nueva tecnología en lugar de depender únicamente de su equipo para solucionarlo. Al hacerlo, no solo mejora sus propias habilidades, sino que también muestra a su equipo la importancia de la formación y el desarrollo continuo.

El aprendizaje continuo también implica estar abierto a nuevas ideas y perspectivas. Un líder que se rodea de personas con diferentes experiencias y conocimientos y que está dispuesto a escuchar y aprender de ellas está mejor preparado para tomar decisiones informadas y estratégicas. Por ejemplo, un líder en una empresa global puede beneficiarse enormemente al aprender sobre diferentes culturas y mercados internacionales, lo que le permite adaptar las estrategias de la empresa a diversas realidades y necesidades.

La falta de autocrítica y aprendizaje continuo también puede afectar la capacidad de un líder para innovar. La innovación requiere la capacidad de cuestionar el statu quo y buscar nuevas y mejores formas de hacer las cosas. Un líder que no es autocrítico ni está comprometido con el aprendizaje continuo puede sentirse cómodo con la manera en que siempre se han hecho las cosas y resistirse al cambio. Esto puede llevar a la obsolescencia y a una pérdida de competitividad en un mercado en constante evolución.

Para contrarrestar la falta de autocrítica y fomentar el aprendizaje continuo, los líderes deben cultivar una mentalidad de crecimiento. Esto significa estar siempre dispuestos a aprender y mejorar, y ver los errores y desafíos como oportunidades para el desarrollo. Un líder con una mentalidad de crecimiento busca retroalimentación constructiva y está dispuesto a hacer los cambios necesarios para mejorar su desempeño. Por ejemplo, un líder puede pedir regularmente retroalimentación a su equipo sobre su estilo de gestión y usar esta información para hacer ajustes que beneficien a todos.

Además, los líderes deben crear una cultura organizacional que valore y fomente el aprendizaje continuo. Esto puede incluir ofrecer oportunidades de formación y desarrollo a los empleados, promover la colaboración y el intercambio de conocimientos, y reconocer y recompensar a aquellos que demuestran un compromiso con su propio desarrollo y el de la organización. Un ejemplo de esto es una empresa que proporciona un presupuesto anual para que los empleados asistan a cursos y conferencias, y que celebra los logros de aquellos que adquieren nuevas habilidades y conocimientos.

En resumen, la falta de autocrítica y aprendizaje continuo son fallas graves que pueden tener consecuencias devastadoras para el liderazgo y la organización. Un líder que no practica la autocrítica es incapaz de reconocer y aprender de sus errores, lo que lleva a decisiones mal informadas y a un ambiente de trabajo tóxico. Del mismo modo, un líder que no se compromete con el aprendizaje continuo corre el riesgo de quedarse atrás en un mundo en constante cambio. Para ser un líder efectivo, es esencial cultivar la autocrítica, fomentar una mentalidad de crecimiento y crear una cultura organizacional que valore y promueva el aprendizaje continuo. Solo a través de estos esfuerzos pueden los líderes asegurar el éxito y la sostenibilidad a largo plazo de su equipo y de la organización.

Deshonestidad y Falta de Integridad

La deshonestidad y la falta de integridad son venenos para cualquier tipo de liderazgo. Un líder que no actúa con honestidad y no mantiene una conducta íntegra está condenando a su equipo a un ambiente de desconfianza, resentimiento y, en última instancia, fracaso. La integridad es la piedra angular de una buena relación de trabajo y sin ella, todo lo demás se desmorona. En este capítulo, exploraremos cómo la deshonestidad y la falta de integridad pueden destruir un liderazgo y por qué es crucial que los líderes se esfuercen por ser honestos y mantener altos estándares éticos.

La deshonestidad puede manifestarse de muchas maneras en el liderazgo. Puede ser a través de mentiras directas, omisiones de la verdad o promesas vacías que nunca se cumplen. Un líder que miente a su equipo está sembrando las semillas de la desconfianza. Cuando los empleados descubren que han sido engañados, su confianza en el líder se quiebra y es muy difícil, si no imposible, reconstruir esa confianza. Un ejemplo claro es un líder que promete aumentos salariales o promociones sin tener la intención real de cumplir con esas promesas. Cuando los empleados se dan cuenta de que estas promesas eran vacías, se sienten traicionados y desmotivados.

La falta de integridad también se manifiesta en la inconsistencia entre las palabras y las acciones de un líder. Un líder íntegro no solo dice lo correcto, sino que también actúa de acuerdo con sus palabras. La integridad significa ser coherente y mantener los mismos estándares en todas las circunstancias, incluso cuando es difícil. Un líder que no practica lo que predica está enviando un mensaje de hipocresía y falta de compromiso con los valores que dice defender. Por ejemplo, un líder que habla de la importancia del trabajo en equipo, pero que toma decisiones de manera unilateral sin consultar a su equipo, está demostrando una falta de integridad.

La deshonestidad y la falta de integridad también pueden erosionar la cultura organizacional. La cultura de una organización está moldeada en gran medida por el comportamiento de sus líderes. Si un líder actúa deshonestamente, es probable que este comportamiento se extienda y se convierta en la norma aceptada dentro de la organización. Esto puede llevar a un entorno tóxico donde los empleados se sienten presionados a actuar de manera deshonesta para cumplir con las expectativas o para avanzar en sus carreras. Un ejemplo es una empresa donde los líderes falsifican informes o manipulan datos para mostrar mejores resultados de los que realmente existen. Esta cultura de deshonestidad puede eventualmente llevar a consecuencias legales y a la pérdida de reputación.

La falta de integridad también afecta la toma de decisiones. Un líder que no actúa con integridad puede tomar decisiones basadas en su propio interés en lugar de lo que es mejor para el equipo o la organización. Esto puede llevar a decisiones cortoplacistas que perjudican a la organización a largo plazo. Un ejemplo de esto es un líder que decide reducir costos despidiendo a empleados clave sin considerar el impacto negativo que esto tendrá en la moral y en la capacidad operativa del equipo.

Para contrarrestar la deshonestidad y la falta de integridad, es esencial que los líderes se comprometan a la transparencia y la honestidad en todas sus interacciones. La transparencia significa ser abierto y claro sobre las decisiones, políticas y expectativas. Un líder transparente comparte información relevante con su equipo y explica el razonamiento detrás de sus decisiones. Esto no solo construye confianza, sino que también permite a los empleados entender y alinearse con la visión y los objetivos de la organización. Un ejemplo de transparencia es un líder que comunica de manera clara y honesta sobre los desafíos que enfrenta la organización y trabaja junto con su equipo para encontrar soluciones.

La honestidad también significa admitir errores y asumir la responsabilidad por las acciones propias. Un líder que puede reconocer cuando se ha equivocado y está dispuesto a aprender de sus errores está demostrando integridad y ganándose el respeto de su equipo. Esto no solo fortalece la confianza, sino que también crea un ambiente donde los empleados se sienten seguros para cometer errores y aprender de ellos sin temor a represalias. Un líder que admite sus errores y trabaja para corregirlos está estableciendo un ejemplo positivo para todo el equipo.

Además, los líderes deben establecer y mantener altos estándares éticos. Esto implica no solo actuar con integridad en todas las situaciones, sino también exigir el mismo nivel de integridad de todos los miembros del equipo. Un líder ético no tolera comportamientos deshonestos y toma medidas para abordar cualquier falta de integridad dentro del equipo. Esto puede incluir la implementación de políticas claras sobre la ética y la conducta, así como la capacitación y el apoyo para ayudar a los empleados a comprender y cumplir con estos estándares.

La integridad también se refleja en la forma en que un líder trata a los demás. Un líder íntegro respeta a todos los miembros del equipo y los trata con justicia y equidad. Esto incluye ser honesto y directo en la retroalimentación, reconocer y celebrar los logros de los empleados, y apoyar su desarrollo y crecimiento profesional. Un líder que demuestra respeto y equidad está construyendo un ambiente de trabajo positivo y motivador donde los empleados se sienten valorados y respetados.

Finalmente, es importante que los líderes practiquen la auto-reflexión y busquen activamente formas de mejorar su propia integridad y honestidad. Esto puede incluir la búsqueda de mentoría y orientación de otros líderes respetados, la participación en programas de desarrollo de liderazgo y la búsqueda de retroalimentación de los empleados y colegas. Un líder que se compromete a mejorar continuamente su propia integridad y honestidad está demostrando un fuerte compromiso con los valores y principios que son esenciales para un liderazgo efectivo.

En resumen, la deshonestidad y la falta de integridad son dos de los mayores obstáculos para un liderazgo efectivo. Un líder que no actúa con honestidad y no mantiene una conducta íntegra está condenando a su equipo a un ambiente de desconfianza y desmotivación. Para ser un líder efectivo, es esencial practicar la transparencia, la honestidad, la auto-reflexión y mantener altos estándares éticos. Solo a través de estos esfuerzos puede un líder construir un equipo fuerte, confiado y motivado, capaz de alcanzar grandes logros y asegurar el éxito a largo plazo de la organización.

Ausencia de Empatía y Consideración

La empatía y la consideración son fundamentales para cualquier líder que aspire a ser eficaz y respetado. La ausencia de estas cualidades puede causar graves problemas en un equipo y en la organización en general. Un líder que no muestra empatía ni consideración hacia sus empleados puede generar un ambiente de trabajo negativo, afectar la moral del equipo y disminuir la productividad. En este capítulo, vamos a explorar cómo la falta de empatía y consideración puede perjudicar el liderazgo y por qué es esencial que los líderes desarrollen estas cualidades.

La empatía es la capacidad de entender y compartir los sentimientos de los demás. Es ponerse en el lugar de otra persona y ver las cosas desde su perspectiva. Un líder empático puede conectar mejor con su equipo, entender sus necesidades y preocupaciones, y responder de manera adecuada. Sin embargo, un líder que carece de empatía puede parecer distante y desinteresado en el bienestar de sus empleados, lo que puede llevar a la desmotivación y la insatisfacción.

Por ejemplo, imagina un líder que nunca se toma el tiempo para preguntar a sus empleados cómo están o si necesitan algún tipo de apoyo. Este líder solo se enfoca en los resultados y las cifras, sin preocuparse por las personas que están detrás de esos números. Los empleados pueden sentirse como simples engranajes en una máquina, en lugar de seres humanos valorados por su trabajo y esfuerzo. Esto puede llevar a una alta rotación de personal, ya que los empleados buscan un ambiente de trabajo donde se sientan apreciados y comprendidos.

La consideración, por otro lado, es la acción de tener en cuenta los sentimientos y necesidades de los demás en las decisiones y acciones diarias. Un líder considerado piensa en cómo sus decisiones afectarán a su equipo y hace un esfuerzo consciente para minimizar cualquier impacto negativo. La falta de consideración puede manifestarse de muchas maneras, como la imposición de plazos irrazonables, la falta de reconocimiento del trabajo duro, o la indiferencia ante los problemas personales de los empleados.

Por ejemplo, un líder que exige horas extras constantemente sin considerar el equilibrio entre la vida laboral y personal de sus empleados está demostrando una falta de consideración. Esto puede llevar al agotamiento y al estrés, lo que a su vez puede afectar negativamente la productividad y la calidad del trabajo. Un líder considerado, en cambio, busca formas de equilibrar las demandas del trabajo con las necesidades personales de los empleados, promoviendo un ambiente de trabajo saludable y sostenible.

La ausencia de empatía y consideración también puede afectar la comunicación dentro del equipo. Un líder que no escucha a sus empleados o que desestima sus preocupaciones está cerrando la puerta a una comunicación abierta y honesta. Esto puede llevar a malentendidos, resentimientos y una falta de confianza. Por ejemplo, si un empleado se siente ignorado o subestimado, puede dejar de compartir ideas o preocupaciones importantes, lo que puede resultar en problemas no detectados y oportunidades perdidas.

La empatía y la consideración son especialmente importantes en momentos de cambio o crisis. Durante estos tiempos, los empleados pueden sentirse inseguros y estresados, y un líder empático puede ayudar a aliviar esas preocupaciones al demostrar comprensión y apoyo. Un líder que falta de empatía puede agravar la situación al no reconocer o responder adecuadamente a las emociones y necesidades de su equipo.

Para desarrollar la empatía y la consideración, los líderes deben practicar la escucha activa. Esto significa prestar plena atención a lo que los empleados están diciendo, sin interrupciones ni distracciones, y mostrar interés genuino por sus preocupaciones y opiniones. La escucha activa también implica hacer preguntas aclaratorias y demostrar que se ha entendido lo que se ha dicho. Un líder que practica la escucha activa está construyendo un ambiente de confianza y respeto mutuo.

Otra forma de mostrar empatía y consideración es mediante el reconocimiento y la apreciación. Los líderes deben tomarse el tiempo para reconocer y celebrar los logros y esfuerzos de sus empleados. Esto puede ser tan simple como un agradecimiento verbal o un reconocimiento público en una reunión de equipo. El reconocimiento muestra a los empleados que su trabajo es valorado y apreciado, lo que puede aumentar la moral y el compromiso.

La empatía y la consideración también se reflejan en la forma en que los líderes manejan el equilibrio entre el trabajo y la vida personal. Los líderes deben ser conscientes de las demandas que imponen a sus empleados y hacer esfuerzos para promover un equilibrio saludable. Esto puede incluir la implementación de políticas de trabajo flexible, la promoción de descansos regulares y el respeto por el tiempo libre de los empleados. Un líder que valora y respeta el equilibrio entre el trabajo y la vida personal está demostrando consideración por el bienestar de su equipo.

Además, los líderes deben estar dispuestos a apoyar a sus empleados en momentos difíciles. Esto puede incluir ofrecer apoyo emocional, proporcionar recursos para la gestión del estrés o ser flexible con los horarios en situaciones personales difíciles. Un líder que muestra apoyo en tiempos difíciles está construyendo lealtad y compromiso entre sus empleados.

En resumen, la ausencia de empatía y consideración puede tener graves consecuencias para el liderazgo y la organización. Un líder que no muestra empatía puede parecer distante y desinteresado, lo que puede llevar a la desmotivación y la insatisfacción de los empleados. La falta de consideración puede resultar en decisiones y acciones que afectan negativamente a los empleados y al ambiente de trabajo. Para ser un líder efectivo, es esencial desarrollar la empatía y la consideración mediante la escucha activa, el reconocimiento y la promoción de un equilibrio saludable entre el trabajo y la vida personal. Solo a través de estos esfuerzos pueden los líderes construir un equipo fuerte, motivado y exitoso, capaz de alcanzar grandes logros y asegurar el éxito a largo plazo de la organización.

Clima Laboral Tóxico

Un clima laboral tóxico es uno de los mayores obstáculos para el éxito de cualquier organización. Un líder que no se preocupa por el ambiente de trabajo puede crear un entorno donde el estrés, la desmotivación y el conflicto se vuelven la norma. Un clima laboral tóxico no solo afecta la moral y la productividad de los empleados, sino que también puede llevar a una alta rotación de personal y a problemas de salud. En este capítulo, exploraremos cómo un liderazgo deficiente puede contribuir a un clima laboral tóxico y por qué es crucial que los líderes se esfuercen por crear un ambiente de trabajo positivo y saludable.

Un clima laboral tóxico se caracteriza por la presencia de comportamientos negativos como el acoso, la intimidación, el favoritismo y la falta de respeto. Estos comportamientos pueden surgir cuando un líder no establece y mantiene altos estándares de conducta en el lugar de trabajo. Por ejemplo, si un líder permite que ciertos empleados acosen o intimiden a otros sin consecuencias, está enviando el mensaje de que este tipo de comportamiento es aceptable. Esto no solo afecta a las víctimas directas, sino que también crea un ambiente de miedo e inseguridad para todos los empleados.

Además, un líder que no maneja adecuadamente los conflictos puede contribuir a un clima laboral tóxico. Los conflictos son inevitables en cualquier entorno de trabajo, pero es la forma en que se manejan lo que determina si el ambiente de trabajo se mantiene saludable o se vuelve tóxico. Un líder que ignora los conflictos o que toma partido de manera injusta puede agravar los problemas y crear divisiones dentro del equipo. Por ejemplo, si un líder siempre toma partido por los mismos empleados, independientemente de los méritos de la situación, los demás empleados pueden sentirse desvalorizados y desmotivados.

La falta de comunicación abierta y honesta también puede contribuir a un clima laboral tóxico. Cuando los empleados sienten que no pueden expresar sus opiniones o preocupaciones sin temor a represalias, se crea un ambiente de silencio y resentimiento. Un líder que no fomenta la comunicación abierta está privando a su equipo de la oportunidad de resolver problemas de manera constructiva y de mejorar continuamente. Por ejemplo, si los empleados sienten que sus sugerencias son constantemente ignoradas o desestimadas, pueden dejar de intentar contribuir, lo que afecta negativamente la innovación y el rendimiento del equipo.

El favoritismo es otro factor que puede crear un clima laboral tóxico. Cuando un líder muestra un trato preferencial a ciertos empleados, ya sea a través de oportunidades, reconocimiento o beneficios, crea un ambiente de inequidad y resentimiento. Los empleados que no reciben el mismo trato pueden sentirse infravalorados y desmotivados, lo que puede llevar a una disminución en la productividad y un aumento en la rotación de personal. Por ejemplo, si un líder siempre asigna los proyectos más interesantes y desafiantes a los mismos empleados, los demás pueden sentirse excluidos y menospreciados.

La falta de apoyo y reconocimiento también puede contribuir a un clima laboral tóxico. Los empleados necesitan sentir que su trabajo es valorado y apreciado. Un líder que no reconoce los logros y esfuerzos de su equipo está enviando el mensaje de que el trabajo duro no importa. Esto puede llevar a la desmotivación y a una disminución en la calidad del trabajo. Por ejemplo, si un líder nunca toma el tiempo para agradecer a sus empleados por su esfuerzo o para celebrar sus logros, los empleados pueden sentirse invisibles y poco valorados.

El estrés excesivo es otro componente clave de un clima laboral tóxico. Un líder que impone plazos irrazonables, carga de trabajo excesiva y expectativas poco realistas está creando un ambiente de estrés crónico. Esto no solo afecta la salud mental y física de los empleados, sino que también puede llevar a una disminución en la productividad y en la calidad del trabajo. Por ejemplo, si un líder siempre espera que los empleados trabajen horas extras y fines de semana sin consideración por su equilibrio entre la vida laboral y personal, los empleados pueden quemarse y buscar empleo en otros lugares.

Para contrarrestar un clima laboral tóxico, los líderes deben esforzarse por crear un ambiente de trabajo positivo y saludable. Esto comienza con el establecimiento y la promoción de altos estándares de conducta. Los líderes deben dejar claro que el acoso, la intimidación y la falta de respeto no serán tolerados, y deben tomar medidas firmes y justas para abordar cualquier comportamiento inapropiado. Esto puede incluir la implementación de políticas claras, la capacitación en habilidades de comunicación y resolución de conflictos, y la creación de un sistema de denuncias confidencial.

La comunicación abierta y honesta es esencial para un ambiente de trabajo positivo. Los líderes deben fomentar una cultura donde los empleados se sientan seguros para expresar sus opiniones y preocupaciones. Esto puede incluir la realización de reuniones regulares de retroalimentación, la creación de canales de comunicación abiertos y la demostración de una actitud receptiva y respetuosa hacia las sugerencias y críticas. Un ejemplo de esto es un líder que organiza reuniones periódicas donde los empleados pueden compartir sus ideas y preocupaciones sin temor a represalias, y que toma en serio y actúa sobre los comentarios recibidos.

El reconocimiento y el apoyo son igualmente importantes. Los líderes deben tomarse el tiempo para reconocer y celebrar los logros de sus empleados, y para ofrecer apoyo y recursos cuando sea necesario. Esto puede incluir la implementación de programas de reconocimiento, la provisión de oportunidades de desarrollo profesional y la creación de un ambiente donde los empleados se sientan valorados y apreciados. Un ejemplo es un líder que regularmente celebra los éxitos del equipo con eventos especiales, menciones en reuniones y oportunidades de crecimiento profesional.

El manejo adecuado del estrés también es crucial. Los líderes deben ser conscientes de las cargas de trabajo y las expectativas, y deben esforzarse por promover un equilibrio saludable entre la vida laboral y personal. Esto puede incluir la implementación de políticas de trabajo flexible, la promoción de descansos regulares y el apoyo a los empleados en la gestión del estrés. Un ejemplo es un líder que promueve el uso de días de descanso y proporciona recursos como programas de bienestar y asesoramiento para ayudar a los empleados a manejar el estrés.

En resumen, un clima laboral tóxico puede tener consecuencias devastadoras para cualquier organización. Un líder que no se preocupa por el ambiente de trabajo está contribuyendo a un entorno donde el estrés, la desmotivación y el conflicto son la norma. Para ser un líder efectivo, es esencial crear un ambiente de trabajo positivo y saludable mediante el establecimiento de altos estándares de conducta, la promoción de la comunicación abierta, el reconocimiento y el apoyo a los empleados, y el manejo adecuado del estrés. Solo a través de estos esfuerzos pueden los líderes asegurar el éxito y el bienestar de su equipo y de la organización en general.

Alta Rotación de Personal

La alta rotación de personal es uno de los signos más evidentes de que algo no está funcionando bien en una organización. Cuando los empleados se van con frecuencia, es una señal de que no están satisfechos con el ambiente de trabajo, la cultura de la empresa, o la gestión. Este problema puede ser extremadamente costoso para las empresas, no solo en términos de dinero, sino también en términos de tiempo y recursos. En este capítulo, vamos a explorar cómo un liderazgo deficiente puede contribuir a una alta rotación de personal y por qué es crucial que los líderes aborden este problema de manera efectiva.

La rotación de personal se refiere a la tasa a la que los empleados dejan una empresa y son reemplazados por nuevos empleados. Una tasa de rotación alta significa que muchos empleados están dejando la empresa en un período corto de tiempo. Esto puede ser devastador para una organización porque cada vez que un empleado se va, se pierde la inversión que la empresa hizo en su formación y desarrollo. Además, el proceso de reclutar, contratar y entrenar a nuevos empleados es costoso y lleva tiempo.

Una de las principales razones por las que los empleados dejan una empresa es porque no están contentos con su liderazgo. Un líder que no escucha a sus empleados, no los apoya o no les brinda oportunidades de crecimiento puede hacer que los empleados se sientan infravalorados y desmotivados. Por ejemplo, un líder que nunca reconoce los logros de sus empleados o que no les proporciona retroalimentación constructiva está creando un ambiente donde los empleados no se sienten apreciados ni valorados. Esto puede llevar a que los empleados busquen otras oportunidades donde se sientan más apreciados y tengan mejores perspectivas de crecimiento.

Otro factor que contribuye a la alta rotación de personal es la falta de equilibrio entre el trabajo y la vida personal. Los empleados que se sienten constantemente estresados y sobrecargados de trabajo son más propensos a dejar la empresa en busca de un ambiente de trabajo más equilibrado. Un líder que no promueve el equilibrio entre el trabajo y la vida personal está enviando el mensaje de que el bienestar de los empleados no es una prioridad. Por ejemplo, si un líder espera que los empleados trabajen largas horas y fines de semana sin consideración por su tiempo personal, los empleados pueden sentirse agotados y quemados, lo que aumenta la probabilidad de que busquen empleo en otro lugar.

La falta de oportunidades de desarrollo profesional también puede llevar a una alta rotación de personal. Los empleados quieren sentir que están creciendo y avanzando en sus carreras. Un líder que no ofrece oportunidades de desarrollo profesional, como capacitación, mentoría o promociones, está creando un ambiente donde los empleados se sienten estancados. Por ejemplo, si un líder nunca ofrece a sus empleados la oportunidad de aprender nuevas habilidades o de asumir nuevas responsabilidades, los empleados pueden sentir que no tienen futuro en la empresa y buscarán oportunidades de crecimiento en otro lugar.

El clima laboral tóxico, del que hablamos en el capítulo anterior, es otro factor que puede contribuir a la alta rotación de personal. Un ambiente de trabajo donde hay acoso, intimidación, favoritismo y falta de respeto puede hacer que los empleados se sientan incómodos y desmotivados. Un líder que no aborda estos problemas está permitiendo que el ambiente de trabajo se deteriore, lo que puede llevar a que los empleados decidan irse. Por ejemplo, si un líder permite que ciertos empleados se comporten de manera inapropiada sin consecuencias, los demás empleados pueden sentir que el ambiente de trabajo es injusto e inseguro, lo que aumenta la probabilidad de que se vayan.

Además, la falta de una compensación y beneficios competitivos puede ser una razón importante para la alta rotación de personal. Los empleados quieren sentirse compensados de manera justa por su trabajo. Un líder que no se asegura de que los empleados reciban una compensación y beneficios competitivos está en riesgo de perder talento valioso. Por ejemplo, si un líder no revisa y ajusta regularmente los salarios y beneficios para asegurarse de que sean competitivos con el mercado, los empleados pueden sentirse subpagados y buscar empleo en otras empresas que ofrezcan mejores compensaciones.

Para abordar el problema de la alta rotación de personal, los líderes deben centrarse en crear un ambiente de trabajo positivo y en satisfacer las necesidades y expectativas de sus empleados. Esto comienza con la escucha activa y la comunicación abierta. Los líderes deben tomarse el tiempo para escuchar a sus empleados, entender sus preocupaciones y responder de manera adecuada. Por ejemplo, un líder que organiza reuniones regulares de retroalimentación y demuestra que valora y actúa sobre los comentarios de sus empleados está construyendo un ambiente de trabajo donde los empleados se sienten escuchados y valorados.

El reconocimiento y la apreciación también son cruciales para retener a los empleados. Los líderes deben tomar el tiempo para reconocer y celebrar los logros de sus empleados. Esto puede incluir el reconocimiento público en reuniones de equipo, premios de empleado del mes, o simplemente un agradecimiento verbal. Por ejemplo, un líder que regularmente toma el tiempo para agradecer a sus empleados por su duro trabajo y dedicación está demostrando que valora su contribución, lo que puede aumentar la moral y el compromiso de los empleados.

El equilibrio entre el trabajo y la vida personal es otro aspecto importante. Los líderes deben promover un ambiente de trabajo donde los empleados puedan equilibrar sus responsabilidades laborales y personales. Esto puede incluir políticas de trabajo flexible, como el teletrabajo o horarios flexibles, y la promoción de descansos regulares y tiempo libre. Por ejemplo, un líder que anima a sus empleados a tomar vacaciones y a desconectar del trabajo fuera del horario laboral está demostrando que valora su bienestar, lo que puede reducir el estrés y el agotamiento.

Las oportunidades de desarrollo profesional también son esenciales para retener a los empleados. Los líderes deben proporcionar a sus empleados las herramientas y recursos necesarios para crecer y avanzar en sus carreras. Esto puede incluir programas de capacitación, mentoría, y oportunidades de promoción. Por ejemplo, un líder que ofrece regularmente sesiones de capacitación y desarrollo, y que promueve a empleados talentosos a puestos de mayor responsabilidad, está demostrando que valora el crecimiento y desarrollo de su equipo.

Finalmente, la compensación y los beneficios competitivos son cruciales para retener a los empleados. Los líderes deben asegurarse de que los salarios y beneficios que ofrecen sean competitivos con el mercado. Esto puede incluir revisiones regulares de salarios, bonificaciones, y beneficios adicionales como seguros de salud y planes de jubilación. Por ejemplo, un líder que revisa y ajusta regularmente los salarios para asegurarse de que estén alineados con las tendencias del mercado está demostrando que valora y recompensa adecuadamente el trabajo de sus empleados.

En resumen, la alta rotación de personal es un problema significativo que puede tener graves consecuencias para cualquier organización. Un liderazgo deficiente puede contribuir a este problema al no satisfacer las necesidades y expectativas de los empleados. Para abordar la alta rotación de personal, los líderes deben centrarse en crear un ambiente de trabajo positivo, en escuchar y reconocer a sus empleados, en promover el equilibrio entre el trabajo y la vida personal, en proporcionar oportunidades de desarrollo profesional y en asegurar una compensación y beneficios competitivos. Al hacerlo, los líderes pueden retener talento valioso, aumentar la moral y el compromiso de los empleados, y asegurar el éxito a largo plazo de la organización.

Pérdida de Talento

La pérdida de talento es uno de los desafíos más críticos que puede enfrentar una organización. Cuando los empleados talentosos se van, la empresa pierde no solo sus habilidades y conocimientos, sino también la inversión realizada en su formación y desarrollo. Además, la salida de personal clave puede afectar la moral del equipo y la productividad. En este capítulo, exploraremos cómo un liderazgo deficiente puede contribuir a la pérdida de talento y por qué es crucial que los líderes trabajen para retener a sus mejores empleados.

Los empleados talentosos son el corazón de cualquier organización exitosa. Son aquellos que aportan ideas innovadoras, lideran proyectos importantes y ayudan a la empresa a alcanzar sus objetivos. Sin embargo, cuando estos empleados no se sienten valorados o apoyados, es probable que busquen oportunidades en otros lugares donde se sientan más apreciados. Un líder que no reconoce y recompensa el talento está en riesgo de perder a sus mejores empleados. Por ejemplo, si un líder nunca elogia a los empleados por su buen trabajo o no les ofrece oportunidades de avance, los empleados pueden sentir que sus esfuerzos no son apreciados y buscarán empleo en otro lugar.

Una de las principales razones por las que los empleados talentosos dejan una empresa es la falta de oportunidades de desarrollo profesional. Los empleados talentosos quieren crecer y avanzar en sus carreras. Si sienten que están estancados en su puesto actual sin ninguna posibilidad de progreso, es probable que busquen una empresa que les ofrezca mejores oportunidades. Un líder que no se enfoca en el desarrollo profesional de sus empleados está enviando el mensaje de que el crecimiento no es una prioridad. Por ejemplo, si un líder no ofrece programas de capacitación o mentoría, los empleados pueden sentirse frustrados por la falta de oportunidades para aprender y mejorar sus habilidades.

Otro factor que contribuye a la pérdida de talento es la falta de reconocimiento y recompensas. Los empleados talentosos quieren saber que su trabajo duro y sus logros son apreciados. Un líder que no toma el tiempo para reconocer y celebrar los éxitos de sus empleados está creando un ambiente donde los empleados pueden sentirse invisibles e infravalorados. Por ejemplo, si un líder nunca da las gracias o celebra los logros de su equipo, los empleados pueden sentir que su trabajo no tiene importancia y buscarán una empresa que valore más su contribución.

El equilibrio entre el trabajo y la vida personal también es crucial para retener a los empleados talentosos. Los empleados quieren trabajar en un ambiente donde se respete su tiempo personal y se promueva un equilibrio saludable. Un líder que impone cargas de trabajo irrazonables y no permite flexibilidad está creando un ambiente donde los empleados pueden sentirse estresados y agotados. Por ejemplo, si un líder espera que los empleados trabajen largas horas sin tiempo para descansar y recargar energías, los empleados pueden sentir que su bienestar no es una prioridad y buscarán empleo en otro lugar que ofrezca un mejor equilibrio entre el trabajo y la vida personal.

La cultura de la empresa también juega un papel importante en la retención del talento. Los empleados talentosos quieren trabajar en un ambiente donde se sientan parte de un equipo y donde se promueva la colaboración y el respeto mutuo. Un líder que no se enfoca en construir una cultura positiva y de apoyo está en riesgo de perder a sus mejores empleados. Por ejemplo, si un líder permite un ambiente de trabajo tóxico donde prevalecen el acoso y la falta de respeto, los empleados pueden sentirse incómodos e inseguros y buscarán una empresa con una cultura más positiva.

Además, la falta de una compensación y beneficios competitivos puede llevar a la pérdida de talento. Los empleados talentosos saben su valor y quieren ser compensados de manera justa por sus habilidades y esfuerzos. Un líder que no se asegura de que los salarios y beneficios sean competitivos con el mercado está en riesgo de perder a sus mejores empleados. Por ejemplo, si un líder no revisa y ajusta regularmente los salarios para mantenerse al día con las tendencias del mercado, los empleados pueden sentirse subpagados y buscarán empleo en una empresa que les ofrezca una mejor compensación.

Para retener a los empleados talentosos, los líderes deben centrarse en crear un ambiente de trabajo positivo y en satisfacer las necesidades y expectativas de sus empleados. Esto comienza con el reconocimiento y la apreciación. Los líderes deben tomar el tiempo para reconocer y celebrar los logros de sus empleados. Esto puede incluir el reconocimiento público en reuniones de equipo, premios de empleado del mes, o simplemente un agradecimiento verbal. Por ejemplo, un líder que regularmente toma el tiempo para agradecer a sus empleados por su duro trabajo y dedicación está demostrando que valora su contribución, lo que puede aumentar la moral y el compromiso de los empleados.

El desarrollo profesional también es crucial para retener a los empleados talentosos. Los líderes deben proporcionar a sus empleados las herramientas y recursos necesarios para crecer y avanzar en sus carreras. Esto puede incluir programas de capacitación, mentoría y oportunidades de promoción. Por ejemplo, un líder que ofrece regularmente sesiones de capacitación y desarrollo, y que promueve a empleados talentosos a puestos de mayor responsabilidad, está demostrando que valora el crecimiento y desarrollo de su equipo.

El equilibrio entre el trabajo y la vida personal es otro aspecto importante. Los líderes deben promover un ambiente de trabajo donde los empleados puedan equilibrar sus responsabilidades laborales y personales. Esto puede incluir políticas de trabajo flexible, como el teletrabajo o horarios flexibles, y la promoción de descansos regulares y tiempo libre. Por ejemplo, un líder que anima a sus empleados a tomar vacaciones y a desconectar del trabajo fuera del horario laboral está demostrando que valora su bienestar, lo que puede reducir el estrés y el agotamiento.

La cultura de la empresa también es esencial para retener a los empleados talentosos. Los líderes deben centrarse en construir una cultura positiva y de apoyo donde los empleados se sientan parte de un equipo y se promueva la colaboración y el respeto mutuo. Esto puede incluir la creación de oportunidades para el trabajo en equipo, la promoción de valores compartidos y el fomento de un ambiente de trabajo inclusivo y respetuoso. Por ejemplo, un líder que organiza actividades de equipo y promueve una cultura de respeto y apoyo está creando un ambiente donde los empleados se sienten valorados y conectados.

Finalmente, la compensación y los beneficios competitivos son cruciales para retener a los empleados talentosos. Los líderes deben asegurarse de que los salarios y beneficios que ofrecen sean competitivos con el mercado. Esto puede incluir revisiones regulares de salarios, bonificaciones y beneficios adicionales como seguros de salud y planes de jubilación. Por ejemplo, un líder que revisa y ajusta regularmente los salarios para asegurarse de que estén alineados con las tendencias del mercado está demostrando que valora y recompensa adecuadamente el trabajo de sus empleados.

En resumen, la pérdida de talento es un problema significativo que puede tener graves consecuencias para cualquier organización. Un liderazgo deficiente puede contribuir a este problema al no satisfacer las necesidades y expectativas de los empleados. Para retener a los empleados talentosos, los líderes deben centrarse en crear un ambiente de trabajo positivo, en reconocer y apreciar a sus empleados, en proporcionar oportunidades de desarrollo profesional, en promover el equilibrio entre el trabajo y la vida personal, en construir una cultura de empresa positiva y en asegurar una compensación y beneficios competitivos. Al hacerlo, los líderes pueden retener talento valioso, aumentar la moral y el compromiso de los empleados, y asegurar el éxito a largo plazo de la organización.

Crisis de Reputación y Confianza

La reputación y la confianza son dos pilares fundamentales para el éxito de cualquier organización. Cuando estos pilares se ven comprometidos, las consecuencias pueden ser devastadoras. Una crisis de reputación puede erosionar la confianza de los clientes, empleados e inversores, afectando gravemente el desempeño y la supervivencia de la empresa. En este capítulo, exploraremos cómo un liderazgo deficiente puede desencadenar una crisis de reputación y confianza, y por qué es crucial para los líderes mantener estos elementos intactos.

Una crisis de reputación ocurre cuando la imagen pública de una empresa se ve dañada, ya sea por acciones inapropiadas, escándalos o malas decisiones. La confianza, por otro lado, se refiere a la fe que los stakeholders tienen en la empresa y sus líderes. Ambos aspectos están intrínsecamente relacionados; una vez que la reputación se daña, la confianza también se ve afectada. Por ejemplo, si una empresa se ve involucrada en un escándalo de fraude financiero, los clientes pueden perder la confianza en la empresa y decidir llevar su negocio a otra parte.

Un líder juega un papel crucial en la gestión de la reputación y la confianza de una empresa. Sus decisiones, acciones y comportamientos tienen un impacto directo en cómo la empresa es percibida por el público. Un líder que actúa de manera ética, transparente y responsable contribuye a construir y mantener una buena reputación. Por el contrario, un líder que toma decisiones cuestionables, oculta información o actúa de manera irresponsable puede desencadenar una crisis de reputación. Por ejemplo, si un líder decide recortar costos a expensas de la calidad del producto, los clientes pueden sentirse engañados y decepcionados, lo que puede dañar la reputación de la empresa.

La falta de transparencia es uno de los mayores catalizadores de una crisis de reputación. Los stakeholders esperan que las empresas sean abiertas y honestas sobre sus operaciones, políticas y problemas. Un líder que oculta información o tergiversa la verdad está poniendo en riesgo la reputación de la empresa. Por ejemplo, si una empresa enfrenta un problema de calidad con uno de sus productos y el líder decide ocultar el problema en lugar de abordarlo abiertamente, los clientes pueden sentirse traicionados cuando se enteren de la verdad, lo que puede llevar a una pérdida de confianza y reputación.

La gestión de crisis es otro aspecto crucial para mantener la reputación y la confianza. En algún momento, todas las empresas enfrentan desafíos y problemas. Lo que diferencia a las empresas exitosas de las que fracasan es cómo manejan esas crisis. Un líder efectivo debe ser capaz de actuar rápidamente, comunicarse claramente y tomar decisiones responsables para mitigar el daño. Por ejemplo, si una empresa enfrenta una brecha de seguridad de datos, un líder que responde rápidamente, informa a los afectados y toma medidas correctivas puede proteger la reputación de la empresa y mantener la confianza de los clientes.

La coherencia entre las palabras y las acciones del líder también es esencial para mantener la reputación y la confianza. Los stakeholders juzgan a las empresas no solo por lo que dicen, sino también por lo que hacen. Un líder que predica valores de integridad y responsabilidad, pero actúa de manera contraria, está enviando mensajes contradictorios que pueden erosionar la confianza. Por ejemplo, si un líder promueve la importancia de la sostenibilidad pero la empresa continúa con prácticas ambientales dañinas, los clientes y empleados pueden percibir una falta de autenticidad y confianza en la empresa.

La responsabilidad social corporativa (RSC) es otro factor que influye en la reputación y la confianza. Los consumidores y empleados de hoy en día esperan que las empresas no solo se centren en las ganancias, sino que también se comprometan con causas sociales y ambientales. Un líder que integra la RSC en la estrategia de la empresa está contribuyendo a construir una reputación positiva y a ganar la confianza de los stakeholders. Por ejemplo, una empresa que se involucra en iniciativas comunitarias, reduce su huella de carbono y trata a sus empleados de manera justa está demostrando un compromiso con el bienestar de la sociedad y el medio ambiente, lo que puede mejorar su reputación y ganar la lealtad de los clientes.

La comunicación efectiva es fundamental para gestionar la reputación y la confianza. Los líderes deben ser claros, honestos y consistentes en sus comunicaciones con los stakeholders. Esto incluye ser proactivos en la comunicación de buenas y malas noticias, y asegurarse de que los mensajes sean comprensibles y accesibles. Por ejemplo, si una empresa está experimentando dificultades financieras, un líder que comunica abiertamente los desafíos y los planes para abordarlos puede mantener la confianza de los empleados e inversores, incluso en tiempos difíciles.

La cultura organizacional también juega un papel importante en la reputación y la confianza. Una cultura fuerte, basada en valores éticos y responsabilidad, refuerza la reputación positiva de la empresa y fomenta la confianza entre los empleados y otros stakeholders. Un líder que promueve y vive estos valores está construyendo una base sólida para la reputación y la confianza de la empresa. Por ejemplo, si un líder fomenta una cultura de inclusión y respeto, los empleados se sentirán valorados y comprometidos, lo que a su vez puede mejorar la percepción externa de la empresa.

Los errores son inevitables, pero la forma en que un líder los maneja puede marcar la diferencia entre una crisis de reputación y una oportunidad de fortalecimiento. Los líderes deben ser capaces de admitir errores, aprender de ellos y tomar medidas para evitar que se repitan. Esto no solo muestra responsabilidad y transparencia, sino que también puede reforzar la confianza. Por ejemplo, si un líder admite un error en la estrategia de la empresa y presenta un plan claro para corregirlo, los stakeholders pueden ver esto como una muestra de integridad y compromiso, lo que puede fortalecer la confianza en el liderazgo.

La ética en los negocios es la base de una buena reputación y confianza. Los líderes deben tomar decisiones basadas en principios éticos y considerar el impacto de sus acciones en todos los stakeholders. Un líder que se adhiere a altos estándares éticos está construyendo una base sólida para la reputación y la confianza. Por ejemplo, si un líder decide rechazar un contrato lucrativo porque implica prácticas poco éticas, está demostrando que la empresa valora más la integridad que las ganancias a corto plazo, lo que puede mejorar la reputación y ganar la confianza de los stakeholders.

En resumen, la crisis de reputación y confianza es un problema grave que puede tener consecuencias duraderas para cualquier organización. Un liderazgo deficiente puede desencadenar y agravar esta crisis al no actuar de manera ética, transparente y responsable. Para evitar una crisis de reputación y mantener la confianza, los líderes deben centrarse en la transparencia, la gestión efectiva de crisis, la coherencia entre palabras y acciones, la responsabilidad social corporativa, la comunicación efectiva, la cultura organizacional, la gestión adecuada de errores y la adherencia a altos estándares éticos. Al hacerlo, los líderes pueden construir y mantener una reputación positiva y la confianza de los stakeholders, asegurando el éxito y la sostenibilidad a largo plazo de la organización.

Lecciones Aprendidas y Caminos Hacia la Mejora

La experiencia es una maestra invaluable, y de los errores de liderazgo se pueden extraer muchas lecciones valiosas. En este capítulo, exploraremos las lecciones aprendidas de los errores comunes de los líderes y delinearemos caminos hacia la mejora. La clave está en reconocer las áreas de oportunidad, adoptar una mentalidad de crecimiento y aplicar cambios estratégicos para convertirse en un líder más efectivo y respetado.

Primero, es esencial reconocer que nadie es perfecto. Todos los líderes cometen errores en algún momento de su carrera. La diferencia entre un buen líder y un líder mediocre radica en cómo manejan esos errores. Un líder efectivo es capaz de admitir sus fallos, aprender de ellos y tomar medidas para evitar que se repitan. Por ejemplo, si un líder se da cuenta de que ha estado tomando decisiones impulsivas sin suficientes datos, puede comprometerse a adoptar un enfoque más analítico y basado en la evidencia para futuras decisiones.

Una de las lecciones más importantes es la importancia de la comunicación efectiva. Muchos de los problemas en el liderazgo surgen de una comunicación deficiente. Los líderes deben ser claros, honestos y abiertos en sus comunicaciones con el equipo. Esto incluye no solo transmitir información de manera clara, sino también escuchar activamente a los empleados y considerar sus opiniones y preocupaciones. Por ejemplo, un líder que mejora su capacidad de escuchar puede identificar problemas antes de que se conviertan en crisis y tomar medidas preventivas.

Otro aprendizaje crucial es la necesidad de la planificación estratégica. La falta de visión y planificación puede llevar a la desorganización y al fracaso. Los líderes deben tomarse el tiempo para desarrollar una visión clara para el futuro de la organización y trazar un camino estratégico para alcanzar esa visión. Esto incluye establecer metas a corto y largo plazo, identificar los recursos necesarios y diseñar planes de acción concretos. Por ejemplo, un líder que dedica tiempo a la planificación estratégica puede guiar a su equipo hacia objetivos claros y alcanzables, lo que aumenta la eficiencia y el éxito general de la organización.

La gestión del cambio es otra área crítica de mejora. Los cambios son inevitables en cualquier organización, y los líderes deben ser capaces de gestionarlos de manera efectiva. Esto implica preparar a los empleados para el cambio, comunicar claramente las razones detrás del cambio y apoyar a los empleados durante el proceso de transición. Por ejemplo, un líder que implementa programas de capacitación para ayudar a los empleados a adaptarse a nuevas tecnologías puede reducir la resistencia al cambio y aumentar la adopción y eficacia de las nuevas herramientas.

Delegar responsabilidades es una habilidad esencial que muchos líderes necesitan mejorar. El micromanagement puede sofocar la creatividad y la autonomía de los empleados, lo que lleva a la insatisfacción y a la baja productividad. Los líderes deben aprender a confiar en su equipo y delegar tareas de manera efectiva. Esto no solo alivia la carga del líder, sino que también empodera a los empleados y fomenta su desarrollo profesional. Por ejemplo, un líder que delega proyectos importantes a sus empleados muestra confianza en sus habilidades y permite que el equipo crezca y se desarrolle.

La empatía y la consideración hacia los empleados son fundamentales para un liderazgo efectivo. Los líderes deben esforzarse por entender las necesidades y preocupaciones de sus empleados y mostrar empatía en sus interacciones diarias. Esto crea un ambiente de trabajo positivo y aumenta la lealtad y el compromiso de los empleados. Por ejemplo, un líder que muestra empatía y apoyo a un empleado que atraviesa una situación personal difícil puede fortalecer la relación y fomentar un mayor sentido de pertenencia en el equipo.

La importancia de la integridad y la honestidad no puede ser subestimada. Los líderes que actúan con integridad y transparencia ganan la confianza y el respeto de sus empleados, clientes e inversores. La deshonestidad y la falta de integridad, por otro lado, pueden erosionar rápidamente la confianza y dañar la reputación de la empresa. Por ejemplo, un líder que siempre actúa con honestidad, incluso cuando enfrenta decisiones difíciles, está estableciendo un estándar ético que otros seguirán.

El aprendizaje continuo y la autocrítica son componentes esenciales del crecimiento del liderazgo. Los líderes deben estar dispuestos a aprender nuevas habilidades, adaptarse a los cambios y aceptar críticas constructivas. Esto implica participar en programas de desarrollo profesional, buscar retroalimentación regular y estar abiertos a nuevas ideas y enfoques. Por ejemplo, un líder que asiste a talleres de liderazgo y busca activamente retroalimentación de su equipo está demostrando un compromiso con el crecimiento y la mejora continua.

El reconocimiento y la recompensa del talento es otra área importante. Los líderes deben esforzarse por reconocer y celebrar los logros de sus empleados. Esto puede incluir elogios públicos, premios y oportunidades de desarrollo profesional. El reconocimiento no solo motiva a los empleados, sino que también demuestra que el líder valora su contribución. Por ejemplo, un líder que implementa un programa de reconocimiento mensual para destacar el trabajo sobresaliente de los empleados está fomentando un ambiente de trabajo positivo y motivador.

Finalmente, construir y mantener una cultura organizacional positiva es fundamental para el éxito a largo plazo. Los líderes deben promover valores como la colaboración, el respeto y la inclusión, y asegurarse de que estos valores se reflejen en todas las áreas de la organización. Una cultura organizacional fuerte y positiva no solo atrae talento, sino que también retiene a los empleados y mejora el desempeño general. Por ejemplo, un líder que fomenta la colaboración y el respeto mutuo en el lugar de trabajo está creando un ambiente donde los empleados se sienten valorados y motivados para contribuir a los objetivos de la empresa.

En conclusión, los errores en el liderazgo pueden ser oportunidades de aprendizaje valiosas. Al reconocer los errores, aprender de ellos y tomar medidas para mejorar, los líderes pueden convertirse en versiones más efectivas de sí mismos. La comunicación efectiva, la planificación estratégica, la gestión del cambio, la delegación, la empatía, la integridad, el aprendizaje continuo, el reconocimiento del talento y la construcción de una cultura organizacional positiva son todos aspectos clave que los líderes deben abordar para mejorar y tener éxito. Al hacerlo, no solo se benefician ellos mismos, sino también sus equipos y la organización en su conjunto, creando un ambiente de trabajo más productivo, positivo y exitoso.